Waschbärenhallo

Text: Melanie Laibl | Illustrationen: Katharina Sieg

Nachts um halb drei tapsen Pippa und Blitz durch die Straßen. Sie lieben die Zeit, wenn es rundherum dunkel und still ist. Da schlafen die meisten Menschen, und die Stadt gehört den Tieren. Auch den Waschbären, den Mäusen und so mancher ruheloser Amsel.
Aber nicht nur. »Stopp!«, ruft Pippa auf einmal.
Blitz, der immer für ein neues Abenteuer zu haben ist, bleibt stehen wie angewurzelt. Pippa hat sicher eine aufregende Entdeckung gemacht.

Pippa kniet auf dem Gehsteig, das Gesicht ganz nah am Boden.
Erwartungsvoll hockt Blitz sich neben seine Schwester.
»Schau, Blitz!«, flüstert Pippa. »Schau!«
Blitz tut sein Bestes, trotzdem sieht er bloß … »Eine Blume?«,
fragt er ratlos.
Pippa nickt. »Und zwar nicht irgendeine. Eine Superduper-
blume! Nur eine Superduperblume kann hier wachsen.«
Sie zieht ein Stück Kreide aus der Tasche und malt ein Herz
um die kleine Stadtpflanze.

Blitz blickt sich um. Überall Beton, eine richtige Betonwüste!
Ob das ein guter Ort zum Wohnen ist? Braucht Grünzeug
nicht Erde? Blitz möchte die Stadtpflanze tausend Sachen
fragen. Doch sie hat ihre Blütenblätter fest geschlossen.
»Wir kommen morgen wieder«, wispert Blitz. »Vielleicht
ist sie dann wach.«
»Bestimmt«, wispert Pippa zurück. »Sie soll erfahren, wie
extra tapfer und mutig wir sie finden.«

Pusteblume! Pippas Entdeckung schlummert auch in der
nächsten Nacht. Genau wie in den Nächten danach.
Nicht einmal der Vollmond kann die Superduperblume wecken.
»Wir könnten sie ja bei Tag besuchen«, überlegt Blitz.
»Ausnahmsweise, natürlich, und ohne, dass uns jemand
dabei erwischt?« Pippa schluckt. Dafür müssten sie selbst
extra tapfer und mutig sein. Superduperwaschbären!
Und Superduperwaschbären haben Grips!

Kaum ist Morgen, tapsen ein Limo-Kasten und ein
Verkehrshütchen durch die Betonwüste. Dinge, die
eigentlich nicht tapsen, wenn nicht gerade ein Waschbär
in ihnen steckt. Keinem Menschen fällt das auf.
Die Stadtpflanze jedoch bemerkt es sehr wohl.
»Ist das Herz von euch?«, fragt sie Pippa und Blitz.
»Speziell für dich gemalt«, lächelt Pippa. »Damit alle sehen,
wie besonders du bist.«
»Ich?«, wundert sich die Stadtpflanze. »Dabei mache ich
nichts weiter. Blühe vor mich hin, nasche vom Licht,
schlürfe Tau …«

»Aber warum hier?«, unterbricht sie Blitz.
Die Stadtpflanze neigt ihren Kopf zur Seite.
»Liebes Tierchen«, erklärt sie, »ich suche mir nicht aus,
wo ich wachse«, erklärt sie. »Das bestimmt der Wind.
Zum Glück ist unsereins bescheiden. Eine schmale Ritze,
ein Stäubchen Sand, und wir starten durch.«
Pippa jubelt. »Ich wusste, ihr seid stark wie Beton!«
»Sogar stärker«, kichert die Stadtpflanze. »Wenn es
dem Wind gefällt und er viele von uns an einen Ort weht,
machen wir aus Betonwüsten Blumenwiesen.«

Blitz' Augen funkeln bei der Vorstellung. »Pusten können
Tierchen genauso«, prahlt er. »Wir holen gleich Maxi
und Caruso. Sofort! Zwei Waschbären plus eine Maus
plus eine Amsel ergibt eine Menge Wirbel, äh, Wind!«
Die Stadtpflanze strahlt. »Keine Eile ... Bevor meine Kinder
auf die Reise gehen, muss aus meinem Sonnengelb erst
ein Silbergrau werden«, erklärt sie.
»Du meinst: deine Samen?«, fragt Pippa.
Die Stadtpflanze nickt. »Sie fliegen allerdings gerne
in der Nacht. Ist das ein Problem?«

Blitz atmet auf. Ohne Limo-Kasten auf dem Kopf wird das Windspielen ein Klacks. Und weil sein Amselfreund Caruso noch nichts vom neuen Abenteuer weiß, trällert Blitz schon mal voraus: »Für Superduperblumensegen braucht's dann bloß ein Tröpfchen Regen.«

Fortsetzung folgt … spätestens im nächsten Jahr.

Melanie Laibl studierte ursprünglich Translations- und Kommunikationswissenschaften. Seit sie ihre Schwäche für kauzige Charaktere und kreative Sprachspielereien entdeckt hat, schreibt sie Kinderliteratur. Meistens in ihrem Haus mit Geschichte im Wienerwald.
www.melanielaibl.at

Katharina Sieg fühlt sich bei Möwengesang und Seeluft besonders wohl und hat aus diesem Grund in Hamburg Illustration studiert. Seither zeichnet sie fleißig Bilder für Kinderbücher und bastelt auch hin und wieder mal eine Laterne.
www.katharina-sieg.de

Nicht streicheln!

Text: Kilian Leypold | Illustrationen: Gemma Palacio

Das ist die Geschichte von Pick und Sandy.
Pick war ein junger Esel mit außergewöhnlichen
Ohren und Sandy ein kleines Menschenmädchen
mit kalten Händen, die sie am liebsten in
Wollhandschuhe steckte. Beide wollten etwas
voneinander. Nur leider war es nicht dasselbe.

Pick hatte die größten, flauschigsten und schönsten
Ohren, die man je an einem Eselskopf gesehen hatte.
Das Fell um diese Ohren war so lang und fein
und dicht, dass es aussah, als würden die Ohren von
dunklen Flammen umzüngelt.

Er liebte es, seine Ohren im Wind hin und her
zu drehen und zu spüren, wie der Wind mit
den flaumigen Härchen spielte.
Aber er hasste es, an den Ohren gestreichelt
zu werden. Die kleinste Berührung genügte,
und der kleine Esel verwandelte sich in
einen wilden Alligator: SCHNAPP!

Das hatten die Menschen inzwischen verstanden
und ließen seine Ohren in Ruhe. Bis auf das Menschenkind
Sandy. Sie kam fast jeden Tag mit einer großen Tasche auf
dem Rücken an seiner Weide vorbei.
Zuerst war sie nur auf den Zaun gestiegen und hatte
gerufen: »Hast du aber schöne-schöne Flausche-Ohren.
Komm doch mal her!«

Dann, eines Tages, war das Menschenkind über
den Zaun geklettert.
»Ich bin Sandy!«, hatte es gerufen. »Ich komm jetzt zu dir.«
»Du bist ein schöner-schöner Esel«, hatte Sandy geflüstert,
als sie neben ihm stand. »Darf ich dich streicheln?«
Pick hatte die flauschigen Ohren angelegt.
Hände weg, hieß das!
Aber Sandy verstand es nicht, oder es war ihr egal.
Pick wusste das nie bei den Menschen.

Sandy streckte eine ihrer Hände aus, die in einem Wollhandschuh mit abgeschnittenen Fingerspitzen steckte. Als ihre nackten Fingerkuppen sein rechtes Ohr berührten, warf Pick den Kopf nach hinten, riss das Maul auf und SCHNAPP – biss er zu.
Vielleicht weil Sandys Hände so klein und ihre Finger nur ein kurzes Stück aus den Handschuhen herausragten, jedenfalls ging der Biss ins Leere und Picks Zähne schlugen nur mit einem lauten Knall aufeinander.
Das Menschenkind sprang einen Schritt zurück, sah ihn lange mit großen Augen an, drehte sich um und rannte davon.
Gut so, dachte Pick, drehte seine prächtigen Lauscher in den Wind und ließ den Flaum in der leichten Brise flattern.

Aber schon am nächsten Tag kletterte Sandy wieder
über den Zaun und kam langsam auf Pick zu.
Sie nahm die große Tasche vom Rücken und holte
etwas heraus.
Pick konnte nicht genau erkennen, was es war.
Sie stellte sich neben ihn und sagte:
»Darf ich sie heute mal streicheln?«

Pick streckte den Kopf vor, bleckte sein Gebiss und legte
die wunderschönen Ohren so fest an, wie er konnte.
Nein, nein nein!, hieß das.
Das musste das Menschenkind doch verstehen.
Denn auch wenn er wollte, er konnte nicht anders als
zuschnappen, wenn jemand nach seinen Ohren griff.
Es half nichts.
Wieder streckte Sandy die Hand aus, und sobald ihr
Finger den Flaum berührte ... SCHNAPP!
Diesmal ging sein Biss nicht ins Leere. Pick zerbiss
etwas Süßes, Knackiges. Eine Karotte!

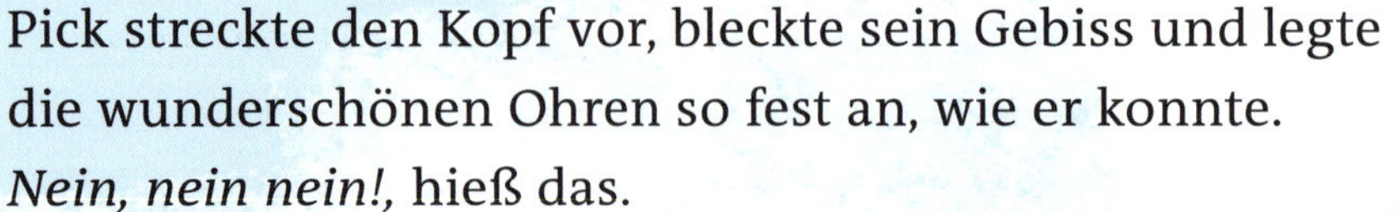

Sandy hatte sie kurz vorher aus ihrem Ranzen gezogen und
ihm blitzschnell hingehalten.
Die Karotte schmeckte so gut, dass Pick darüber alles vergaß.
Selbst das Menschenkind, das die ganze Zeit, während er
kaute, seine Ohren streichelte und flüsterte:
»Sind die schön weich.«

So wurden Sandy und Pick Freunde. Sandy war die einzige,
die seine wundersam flauschigen Ohren streicheln durfte.
Und Pick war der einzige, der ihre zuckersüßen Pausenbrot-
Karotten fressen durfte. Und so waren beide mehr als zufrieden.
Sie waren glücklich!

Kilian Leypold wurde 1968 im Schatten einer großen Burg, der Kaiserburg in Nürnberg geboren. Trotzdem wurde er kein Ritter (da findet man nämlich so schwer Arbeit), sondern Schriftsteller. Sein erster Roman für Kinder heißt »Der Tiger unter der Stadt«, sein zweiter: »Krähen gegen Ratten«.

Gemma Palacio ist eine spanische Illustratorin, die auch lange als Grafikdesignerin gearbeitet hat. Sie liebt es zu illustrieren und lässt sich von alltäglichen Dingen inspirieren. Genau wie Pick hasst Gemma es, wenn man ihr Haar streichelt, und sie liebt Karotten. Zwei Seelenverwandte! www.gemmapalacio.com

DREI MAL EINS

Ohr!

Welche drei zusammengesetzten Wörter verbergen sich hier?
Die Auflösung findest du auf Seite 50.

Osterhasentraining

Text: Renus Berbig | Illustrationen: Lisa S. Rackwitz

Um Himmels Willen! Wer soll denn das alles verstecken?«
Die Osterhasen standen im Supermarkt vor dem Süßwarenregal und trauten ihren Augen nicht.
So viele Eier!
»Wir zehn Ohren? Alleine schaffen wir das niemals. Wir brauchen unbedingt Verstärkung«, riefen sie durcheinander. »Schnell, zum Bauernhof!«

»Was habt ihr denn alle? Wieso rennt ihr denn so?«,
brummte der Hund, als die Osterhasen an ihm vorbeirasten.
»Fachkräftemangel«, riefen die Hasen. »Wir brauchen Leute,
die uns dabei helfen, Ostereier zu verstecken.«
Der Hund sprang auf. »Okay, bin dabei!«

Die Schafe hoben ihre Nasen. »Hä? Wo wir grasen,
rasen Hasen übern Rasen?«, blökten sie. »Was soll das?«
»Osterhasentraining!«, riefen die Hasen. »Hinterm Haus
bilden wir aus.«
»Wie? Eine Osterhasenschule?«, grunzte das Schwein.
»Au ja, da mache ich auch mit.«
Neugierig versammelten sich immer mehr Tiere
hinterm Haus.

»Ich bin euer Trainer und vermittle euch die wichtigsten
Grundkenntnisse«, sagte einer der Hasen und hielt ein Ei
hoch. »Osterei«, erklärte er. »Man legt es unter ein Blatt,
und weg isses.«
Die Tiere klatschten begeistert.
»Und dann: Such?«, fragte der Hund erfreut.
»Nein!«, erklärte der Hase. »Die anderen müssen suchen.
Du bist der Osterhase.«
»Wow, toll«, staunte der Hund.

Dann zeigten die Hasen ihnen noch mehr Verstecke:
im Gebüsch, zwischen den Tulpen, im Blumentopf,
hinter der Bank, auf dem Ast und im Vogelnest.
»Im Grunde geht es überall«, erklärte der Trainer.
»Je raffinierter das Versteck, umso besser. Noch Fragen?«
»Nö.« Die Tiere schüttelten die Köpfe. »Wir ham's kapiert.«
Also bekamen alle ein Körbchen und Hasenohren.
Und dann ging es los.

Das Eichhörnchen kannte
besonders gute Verstecke
und vergrub alle Eier.

Die Kuh versenkte
ein Ei in der Milch.
Ein anderes versteckte
sie in ihrer Glocke
und den Rest unter
einem Kuhfladen.

Das Schwein pulte erst mal dieses viel zu auffällige
Glanzpapier von den Schokoladeneiern, was eine
ganz schöne Fummelei war. Danach wälzte es sich
auf ihnen herum.
»Auf das Versteck kommt keiner!«, freute es sich.

Der Hund warf jedes Ei so weit weg,
wie er nur konnte.
»Such!«, bellte er. »Such!«

Nur die Schafe versteckten alle ihre Eier
irgendwo im hohen Gras, weil ihnen
nichts Besseres einfiel. Seltsamerweise
verschwanden die Eier dann beim Grasen
und Mähen irgendwie nach und nach alle.
Hä? Komisch.

Die Osterhasen aber waren total happy.
Sie hatten so viele neue Fachkräfte
ausgebildet, dass sie sich dieses Mal
einfach ausruhen konnten.

Renus Berbig lebt mit zwei Katzen in München. Er schreibt Geschichten und Hörspiele fürs Radio. Außerdem sind von ihm mehrere Kinderbücher erschienen, zuletzt das Bilderbuch »Tapetentier & Holzvogel«im Tulipan Verlag.

Lisa S. Rackwitz, Jahrgang 1980, hat an der Hochschule für Grafik und Buchkunst in Leipzig studiert, seit 2003 arbeitet sie als freischaffende Illustratorin und Trickfilmzeichnerin. Ihre Vorliebe gilt detailreichen, farbigen Szenen aus der Tier-und Pflanzenwelt. Lisa S. Rackwitz lebt mit ihrer Familie in Halle an der Saale. www.lisa-rackwitz.de.

Kann das sEIn?

Ein Ei ist oval und kann wunderbar kullern. Aber stehen?
Das geht natürlich nicht. Oder doch?
Ein kleiner Trick kann dir helfen, dass du das scheinbar
Unmögliche schaffst und dein Ei ohne Eierbecher senkrecht
auf dem Frühstückstisch stehen kann.

Zum Versuch hier lang!

ein gekochtes Ei

Salz

eine feste Unterlage

Losforschen:

Versuche das Ei
auf der Unterlage
zum Stehen zu bringen.
Geht das ohne
Hilfsmittel?

Streue etwas Salz
auf die Unterlage
und forme es zu einem
kleinen Haufen.

Versuche nun
noch einmal, das Ei
zum Stehen zu bringen.
Dazu brauchst du
eine ruhige Hand und
etwas Geduld.

Mithilfe der Salzkörner bleibt das Ei tatsächlich aufrecht. Wenn du das überschüssige Salz wegpustest, sieht es noch beeindruckender aus: als ob das Ei ganz von allein stehen würde.

Was passiert da?

Die Salzkörner wirken wie Bremskeile – also Klötze, die man vor Auto– oder Flugzeugräder legt, damit sie nicht wegrollen. Wenn sie richtig platziert sind, reichen schon drei aus. Sie sind die Auflagepunkte, auf denen das Ei ruht.
Das Prinzip der drei Auflagepunkte oder Beine nutzen wir für viele Gegenstände, die aufrecht und stabil stehen sollen, z. B. Kamerastativ, Staffelei oder Gartengrill. Spannenderweise sind drei Beine sogar stabiler als vier.
Achte einmal darauf: Tische mit vier Beinen wackeln oft, weil meistens eines der Beine keinen Bodenkontakt hat. Ein dreibeiniger Tisch wackelt nicht, auch nicht bei holprigen Böden.

ZUM WEITERFORSCHEN:

Versuche, so wenig Salz wie möglich zu verwenden. Im Prinzip reichen drei Salzkörner, um das Ei auszubalancieren. Schaffst du das?

Probiere es mit anderen Dingen aus, z. B. mit einem Apfel, einer Kartoffel oder einem Ball.
Auch das Salz kannst du ersetzen, z. B. durch Sand, kleine Kieselsteine oder ein paar Pfefferkörner.
Was funktioniert gut, was nicht?

Online-Spiele von der **Stiftung Kinder forschen** findest du auf www.meine-forscherwelt.de.
Für Eltern: Die gemeinnützige Stiftung Kinder forschen engagiert sich für gute frühe Bildung in den Bereichen Mathematik, Informatik, Naturwissenschaften und Technik (MINT) und nachhaltiges Handeln. www.stiftung-kinder-forschen.de

Text und Illustration: Katja Mensing

Halima und **Ben** sind beste Freunde. Sie machen
zusammen mit Bens Oma Ferien auf dem Bauernhof.
Kannst du Ben und Halima entdecken? Findest du
auch ihr Lieblingshuhn **Pepita?**

ZIMMER
BELEGT
E
LONDON
HINTERECK
PARIS
43

Das ABC der Tunwörter

MACH MAL
x WIE xylofonieren
y WIE yogieren

von Ina Hattenhauer

mit vollem Körpereinsatz
xylofonieren

ganz beseelt
xylofonieren

mit Festnetz
xylo-
fonieren

nach Hause
xylofonieren

Mach mit! Kennst du noch andere Tunwörter, die mit x oder y anfangen?
Es gibt in der deutschen Sprache nur sehr wenige. Vielleicht kennst du eines in einer anderen Sprache?

Text und Illustration: Mascha Greune

Horst und Helga gibt es nur im Doppelpack. Sie sind beste Freunde! Auch wenn sie ständig aneinander vorbeireden. Denn auch Worte gibt es oft im Doppelpack: ein Wort, zwei Bedeutungen. Welches Wort ist es diesmal?

Text und Illustration: Heike Haas

Rühling

Rühling wirds – die Summseln brummseln,
Schletterlinge flügen flux,
Blütenbürzel, Gänserümchen,
Rüssel rein und Hix und Schlux.

Rühling wirds – die Däume grünen
Pollenflüg und Schneck – nanü,
Killerspiller in der Nüse –
Rühling endlich
Ha … Hatschü!

Erwischt!

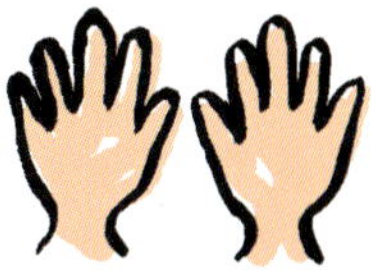

„[...] hoch!" brüllte Oskar Oster [...]. „Her mit den [...], sonst zieh' ich euch die [...] lang!" Schon wieder hatten die Wasch[...] versucht, heimlich Oskars [...] zu klauen. Aber jetzt hatte er sie endlich erwischt! Zur Straße mussten die trüben [...] alle Löcher in seinen [...] stopfen, 125 [...] schälen, die Wühl[...] in die [...] stecken und den ostfriesischen Hängebauch-[...]n die [...] putzen. Später machten sie Oskar Oster[...] noch ein [...] mit [...]creme und flitzten dann in ihrem roten Renn[...] nach [...]e. Dort fielen sie dann [...] müde ins [...].

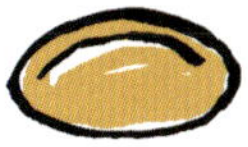

3 eigens illustrierte Geschichten in jeder Ausgabe

kreative Projekte und Experimente

alle zwei Monate eigene Post

fair: Jahresabo jederzeit kündbar

werbefrei

Gecko macht im Abo noch viel mehr Spaß!

Jetzt abonnieren:
www.gecko-kinderzeitschrift.de

Illu: Ulf K.

Der kleine Gecko versteckt sich auf Seite 43 auf dem Hausdach bei den Waschbären.

Auflösung von Seite 26: Ohrwurm, Ohrmuschel, Segelohr.